MA

ARABIC
WITH
URDU TRANSLATION

ISLAMIC BOOK STORE

Published & Prepared by:
Islamic Book Store
302 Saad Residancy
Sahin Park M G Road
Bardoli Surat Gujrat India
394601

فضائل و فوائد

نقش و تعویذات کے مقابلہ میں آیات قرآنیہ اور وہ دعائیں جو حدیث پاک میں وارد ہوئی ہیں یقیناً بہت زیادہ مفید اور مؤثر ہیں۔ عملیات میں انہیں چیزوں کا اہتمام کرنا چاہیئے۔

فخر الرسل صلی اللہ علیہ وسلم نے دینی یا دنیاوی کوئی حاجت اور غرض ایسی نہیں چھوڑی جس کے لئے دعا کا طریقہ نہ تعلیم فرمایا ہو۔ اسی طرح بعض مخصوص آیات کا مخصوص مقاصد کے لئے پڑھنا مشائخ کے تجربات سے ثابت ہے۔

یہ منزل آسیب، سحر اور بعض دوسرے خطرات سے حفاظت کے لئے ایک مجرب عمل ہے۔ یہ آیات کسی قدر کمی بیشی کے ساتھ "القول الجمیل" اور "بہشتی زیور" میں لکھی ہیں۔ "القول الجمیل" میں حضرت شاہ ولی اللہ محدث دہلوی قدس سرّہ تحریر فرماتے ہیں:

" یہ ۳۳ آیات ہیں جو جادو کے اثر کو دفع کرتی ہیں اور شیاطین اور چوروں اور درندے جانوروں سے پناہ ہو جاتی ہے"۔

اور بہشتی زیور میں حضرت تھانوی رحمہ اللہ فرماتے ہیں کہ:

"اگر کسی پر آسیب کا شبہ ہو تو آیات ذیل لکھ کر مریض کے گلے میں ڈال دیں اور پانی پر دم کر کے مریض پر چھڑک دیں اور اگر گھر میں اثر ہو تو ان آیات کو پانی پر پڑھ کر گھر کے چاروں گوشوں میں چھڑک دیں"۔

ہمارے گھر کی مستورات کو یہ مشکل پیش آتی کہ جب وہ کسی مریضہ کے لئے اس منزل کو تجویز کرتیں تو اصل کتاب میں نشان لگا کر یا نقل کرا کر دینی پڑتی تھیں۔ اس لیے خیال ہوا کہ اگر اس کو علیحدہ مستقل طبع کرا دیا جائے تو سہولت ہو جائے گی۔ یہ بات بھی قابل لحاظ ہے کہ عملیات اور دعاؤں میں زیادہ دخل پڑھنے والے کی توجہ اور یکسوئی کو ہوتا ہے۔ جتنی توجہ اور عقیدت سے دعا پڑھی جائے اتنی ہی مؤثر ہوتی ہے۔ اللہ کے نام اور اس کے پاک کلام میں بڑی برکت ہے۔ واللہ الموفق۔

بندہ محمد طلحہ کاندھلوی

ابن حضرت مولانا محمد زکریا صاحب شیخ الحدیث

یہ منزل قرآن کریم کی مندرجہ ذیل آیات پر مشتمل ہے۔

سورۃ الفاتحہ	آیات ۱ تا ۷۔
سورۃ البقرۃ	آیات ۱ تا ۵، ۱۶۳، ۲۵۵ تا ۲۵۷، ۲۸۴ تا ۲۸۶۔
سورۃ آل عمران	آیات ۱۸، ۲۶ تا ۲۷۔
سورۃ الاعراف	آیات ۵۴ تا ۵۶۔
سورۃ بنی اسرائیل	آیات ۱۱۰ تا ۱۱۱۔
سورۃ المؤمنون	آیات ۱۱۵ تا ۱۱۸۔
سورۃ الصٰفٰت	آیات ۱ تا ۱۱۔
سورۃ الرحمٰن	آیات ۳۳ تا ۴۰۔
سورۃ الحشر	آیات ۲۱ تا ۲۴۔
سورۃ جن	آیات ۱ تا ۴۔
سورۃ الکافرون	آیات ۱ تا ۶۔
سورۃ الاخلاص	آیات ۱ تا ۴۔
سورۃ الفلق	آیات ۱ تا ۵۔
سورۃ الناس	آیات ۱ تا ۶۔

بِسۡمِ اللّٰہِ الرَّحۡمٰنِ الرَّحِیۡمِ

اَلۡحَمۡدُ لِلّٰہِ رَبِّ الۡعٰلَمِیۡنَ ۙ﴿۱﴾ الرَّحۡمٰنِ الرَّحِیۡمِ ۙ﴿۲﴾ مٰلِکِ یَوۡمِ الدِّیۡنِ ؕ﴿۳﴾

اِیَّاکَ نَعۡبُدُ وَ اِیَّاکَ نَسۡتَعِیۡنُ ؕ﴿۴﴾ اِہۡدِ نَا الصِّرَاطَ الۡمُسۡتَقِیۡمَ ۙ﴿۵﴾ صِرَاطَ

الَّذِیۡنَ اَنۡعَمۡتَ عَلَیۡہِمۡ ۬ۙ۵ غَیۡرِ الۡمَغۡضُوۡبِ عَلَیۡہِمۡ وَ لَا الضَّآلِّیۡنَ ﴿۷﴾ؑ

شروع اللہ کا نام لے کر جو بڑا مہربان نہایت رحم والا ہے۔

۱۔ سب طرح کی تعریف اللہ ہی کیلئے ہے جو تمام مخلوقات کا پروردگار ہے۔ ۲۔ بڑا مہربان نہایت رحم والا۔ ۳۔ انصاف کے دن کا حاکم۔ ۴۔ اے پروردگار ہم تیری ہی عبادت کرتے ہیں اور تجھی سے مدد مانگتے ہیں۔ ۵۔ ہم کو سیدھے رستے چلا۔ ۷۔ ان لوگوں کے رستے جن پر تو اپنا فضل وکرم کرتا رہا نہ ان کے جن پر غصے ہوتا رہا اور نہ گمراہوں کے۔ اٰمین۔

بِسۡمِ اللّٰہِ الرَّحۡمٰنِ الرَّحِیۡمِ

الٓـمّٓ ۚ﴿۱﴾ ذٰلِکَ الۡکِتٰبُ لَا رَیۡبَ ۚۖۛ فِیۡہِ ۚۛ ہُدًی لِّلۡمُتَّقِیۡنَ ۙ﴿۲﴾ الَّذِیۡنَ

یُؤۡمِنُوۡنَ بِالۡغَیۡبِ وَ یُقِیۡمُوۡنَ الصَّلٰوۃَ وَ مِمَّا رَزَقۡنٰہُمۡ یُنۡفِقُوۡنَ ۙ﴿۳﴾ وَ الَّذِیۡنَ

یُؤۡمِنُوۡنَ بِمَاۤ اُنۡزِلَ اِلَیۡکَ وَ مَاۤ اُنۡزِلَ مِنۡ قَبۡلِکَ ۚ وَ بِالۡاٰخِرَۃِ ہُمۡ یُوۡقِنُوۡنَ ؕ﴿۴﴾

اُولٰٓئِکَ عَلٰی ہُدًی مِّنۡ رَّبِّہِمۡ ٭ وَ اُولٰٓئِکَ ہُمُ الۡمُفۡلِحُوۡنَ ﴿۵﴾

شروع اللہ کا نام لے کر جو بڑا مہربان نہایت رحم والا ہے۔

ا۔ الم۔ ۲۔ یہ کتاب یعنی قرآن مجید اس میں کچھ شک نہیں کہ اللہ کا کلام ہے پرہیز گاروں کیلئے راہنما ہے۔

۳۔ جو غیب پر ایمان لاتے اور آداب کے ساتھ نماز پڑھتے اور جو کچھ ہم نے ان کو عطا فرمایا ہے اس میں سے خرچ کرتے ہیں۔ ۴۔ اور جو کتاب اے پیغمبر تم پر نازل ہوئی اور جو کتابیں تم سے پہلے پیغمبروں پر نازل ہوئیں سب پر ایمان لاتے اور آخرت کا یقین رکھتے ہیں۔ ۵۔ یہی لوگ اپنے پروردگار کی طرف سے آئی ہوئی ہدایت پر ہیں اور یہی لوگ کامیاب ہیں۔

وَاِلٰـهُكُمْ اِلٰهٌ وَّاحِدٌ ۚ لَآ اِلٰهَ اِلَّا هُوَ الرَّحْمٰنُ الرَّحِيْمُ ﴿١٦٣﴾

۱۶۳۔ اور لوگو تمہارا معبود ایک ہی معبود ہے۔ اس بڑے مہربان اور رحم والے کے سوا کوئی عبادت کے لائق نہیں۔

اَللّٰهُ لَآ اِلٰهَ اِلَّا هُوَ ۚ اَلْحَيُّ الْقَيُّوْمُ ۚ لَا تَاْخُذُهٗ سِنَةٌ وَّلَا نَوْمٌ ۗ لَهٗ مَا فِي السَّمٰوٰتِ وَمَا فِي الْاَرْضِ ۗ مَنْ ذَا الَّذِيْ يَشْفَعُ عِنْدَهٗٓ اِلَّا بِاِذْنِهٖ ۗ يَعْلَمُ مَا بَيْنَ اَيْدِيْهِمْ وَمَا خَلْفَهُمْ ۚ وَلَا يُحِيْطُوْنَ بِشَيْءٍ مِّنْ عِلْمِهٖٓ اِلَّا بِمَا شَاۗءَ ۚ وَسِعَ كُرْسِيُّهُ السَّمٰوٰتِ وَالْاَرْضَ ۚ وَلَا يَـــُٔـوْدُهٗ حِفْظُهُمَا ۚ وَهُوَ الْعَلِيُّ الْعَظِيْمُ ﴿٢٥٥﴾

۲۵۵۔ خدا وہ معبود برحق ہے کہ اس کے سوا کوئی عبادت کے لائق نہیں زندہ ہے سب کو تھامنے والا اسے نہ اونگھ آتی ہے نہ نیند جو کچھ آسمانوں میں اور جو کچھ زمین میں ہے سب اسی کا ہے۔ کون ہے کہ اس کی اجازت کے بغیر اس سے کسی کی سفارش کر سکے۔ جو کچھ لوگوں کے روبرو ہو رہا ہے اور جو کچھ ان کے پیچھے ہو چکا ہے اسے سب معلوم ہے اور لوگ اس کی معلومات میں سے کسی چیز پر دسترس حاصل نہیں کر سکتے ہاں جس قدر وہ چاہتا ہے اسی قدر معلوم کرا دیتا ہے اس کی بادشاہی اور علم آسمان اور زمین سب پر حاوی ہے۔ اور اسے انکی حفاظت کچھ بھی دشوار نہیں وہ بڑا عالی رتبہ ہے جلیل القدر ہے۔

لَآ اِكْرَاهَ فِي الدِّيْنِ ۙ قَدْ تَّبَيَّنَ الرُّشْدُ مِنَ الْغَيِّ ۚ فَمَنْ يَّكْفُرْ بِالطَّاغُوْتِ

وَيُؤْمِنْۢ بِاللّٰهِ فَقَدِ اسْتَمْسَكَ بِالْعُرْوَةِ الْوُثْقٰى ۗ لَا انْفِصَامَ لَهَا ۭ وَاللّٰهُ

سَمِيْعٌ عَلِيْمٌ ﴿٢٥٦﴾ اَللّٰهُ وَلِيُّ الَّذِيْنَ اٰمَنُوْا ۙ يُخْرِجُهُمْ مِّنَ الظُّلُمٰتِ اِلَى

النُّوْرِ ڛ وَالَّذِيْنَ كَفَرُوْٓا اَوْلِيٰۗـــُٔــهُمُ الطَّاغُوْتُ ۙ يُخْرِجُوْنَهُمْ مِّنَ النُّوْرِ اِلَى

الظُّلُمٰتِ ۭ اُولٰۗىِٕكَ اَصْحٰبُ النَّارِ ۚ هُمْ فِيْهَا خٰلِدُوْنَ ﴿٢٥٧﴾

۲۵۶۔ دین اسلام میں کوئی زبردستی نہیں ہے۔ ہدایت صاف طور پر ظاہر اور گمراہی سے الگ ہو چکی ہے۔ تو جو شخص بتوں سے اعتقاد نہ رکھے اور اللہ پر ایمان لائے اس نے ایسی مضبوط رسی ہاتھ میں پکڑ لی ہے جو کبھی ٹوٹنے والی نہیں اور اللہ سب کچھ سنتا ہے سب کچھ جانتا ہے۔ ۲۵۷۔ جو لوگ ایمان لائے ہیں ان کا دوست اللہ ہے کہ اندھیرے سے نکال کر روشنی میں لے جاتا ہے اور جو کافر ہیں ان کے دوست شیطان ہیں کہ ان کو روشنی سے نکال کر اندھیرے میں لے جاتے ہیں۔ یہی لوگ اہل دوزخ ہیں کہ اس میں ہمیشہ رہیں گے۔

لِلّٰهِ مَا فِي السَّمٰوٰتِ وَمَا فِي الْاَرْضِ ۭ وَاِنْ تُبْدُوْا مَا فِيْٓ اَنْفُسِكُمْ اَوْ تُخْفُوْهُ

يُحَاسِبْكُمْ بِهِ اللّٰهُ ۭ فَيَغْفِرُ لِمَنْ يَّشَاۗءُ وَيُعَذِّبُ مَنْ يَّشَاۗءُ ۭ وَاللّٰهُ عَلٰي كُلِّ

شَيْءٍ قَدِيْرٌ ﴿٢٨٤﴾ اٰمَنَ الرَّسُوْلُ بِمَآ اُنْزِلَ اِلَيْهِ مِنْ رَّبِّهٖ وَالْمُؤْمِنُوْنَ ۭ كُلٌّ

اٰمَنَ بِاللّٰهِ وَمَلٰۗىِٕكَتِهٖ وَكُتُبِهٖ وَرُسُلِهٖ ۣ لَا نُفَرِّقُ بَيْنَ اَحَدٍ مِّنْ رُّسُلِهٖ ۣ

وَقَالُوْا سَمِعْنَا وَاَطَعْنَا ڭ غُفْرَانَكَ رَبَّنَا وَاِلَيْكَ الْمَصِيْرُ ﴿٢٨٥﴾ لَا يُكَلِّفُ

اللّٰهُ نَفۡسًا اِلَّا وُسۡعَهَا ؕ لَهَا مَا كَسَبَتۡ وَعَلَيۡهَا مَا اكۡتَسَبَتۡ ؕ رَبَّنَا لَا

تُؤَاخِذۡنَاۤ اِنۡ نَّسِيۡنَاۤ اَوۡ اَخۡطَاۡنَا ۚ رَبَّنَا وَلَا تَحۡمِلۡ عَلَيۡنَاۤ اِصۡرًا كَمَا حَمَلۡتَهٗ

عَلَى الَّذِيۡنَ مِنۡ قَبۡلِنَا ۚ رَبَّنَا وَلَا تُحَمِّلۡنَا مَا لَا طَاقَةَ لَنَا بِهٖ ۚ وَاعۡفُ عَنَّا ۟ وَقفة

وَاغۡفِرۡ لَنَا ۟ وَارۡحَمۡنَا ۟ اَنۡتَ مَوۡلٰٮنَا فَانۡصُرۡنَا عَلَى الۡقَوۡمِ الۡكٰفِرِيۡنَ ﴿۲۸۶﴾

۲۸۴۔ جو کچھ آسمانوں میں اور جو کچھ زمین میں ہے سب اللہ ہی کا ہے۔ تم اپنے دلوں کی بات کو ظاہر کرو گے تو اور چھپاؤ گے تو اللہ تم سے اس کا حساب لے گا۔ پھر وہ جسے چاہے مغفرت کرے اور جسے چاہے عذاب دے۔ اور اللہ ہر چیز پر قادر ہے۔ ۲۸۵۔ رسول اللہ ﷺ اس کتاب پر جو ان کے پروردگار کی طرف سے ان پر نازل ہوئی ایمان رکھتے ہیں اور مومن بھی۔ سب اللہ پر اور اس کے فرشتوں پر اور اس کی کتابوں پر اور اس کے پیغمبروں پر ایمان رکھتے ہیں اور کہتے ہیں کہ ہم اس کے پیغمبروں سے کسی میں کچھ فرق نہیں کرتے اور وہ اللہ سے عرض کرتے ہیں کہ ہم نے تیرا حکم سنا اور قبول کیا۔ اے پروردگار ہم تیری بخشش مانگتے ہیں اور تیری ہی طرف لوٹ کر جانا ہے۔

۲۸۶۔ اللہ کسی شخص کو اس کی طاقت سے زیادہ کا ذمہ دار نہیں بناتا اچھے کام کرے گا تو اس کو ان کا فائدہ ملے گا برے کرے گا تو اسے ان کا نقصان پہنچے گا۔ اے پروردگار اگر ہم سے بھول یا چوک ہو گئی ہو تو ہم سے مواخذہ نہ کیجیو۔ اے پروردگار ہم پر ایسا بوجھ نہ ڈالیو جیسا تو نے ہم سے پہلے لوگوں پر ڈالا تھا۔ اے پروردگار جتنا بوجھ اٹھانے کی ہم میں طاقت نہیں اتنا بوجھ ہم پر نہ رکھیو۔ اور اے پروردگار ہمارے گناہوں سے در گذر کر۔ اور ہمیں بخش دے اور ہم پر رحم فرما۔ تو ہی ہمارا مددگار ہے۔ سو ہم کو کافروں پر غالب کر۔

شَهِدَ اللّٰهُ اَنَّهٗ لَاۤ اِلٰهَ اِلَّا هُوَ ۙ وَالۡمَلٰٓـئِكَةُ وَاُولُوا الۡعِلۡمِ قَآئِمًا ۢ بِالۡقِسۡطِ ؕ لَاۤ

اِلٰهَ اِلَّا هُوَ الۡعَزِيۡزُ الۡحَكِيۡمُ ؕ ﴿۱۸﴾

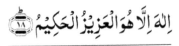

۱۸۔ اللہ تو اس بات کی گواہی دیتا ہے کہ اس کے سوا کوئی معبود نہیں اس حال میں کہ وہ انصاف کا حاکم ہے اور فرشتے
اور علم والے بھی گواہی دیتے ہیں کہ اس غالب حکمت والے کے سوا کوئی لائق عبادت نہیں۔

قُلِ اللّٰهُمَّ مٰلِكَ الْمُلْكِ تُؤْتِی الْمُلْكَ مَنْ تَشَآءُ وَ تَنْزِعُ الْمُلْكَ مِمَّنْ تَشَآءُ
وَ تُعِزُّ مَنْ تَشَآءُ وَ تُذِلُّ مَنْ تَشَآءُ بِیَدِكَ الْخَیْرُ اِنَّكَ عَلٰی كُلِّ شَیْءٍ
قَدِیْرٌ ﴿۲۶﴾ تُوْلِجُ الَّیْلَ فِی النَّهَارِ وَ تُوْلِجُ النَّهَارَ فِی الَّیْلِ وَ تُخْرِجُ الْحَیَّ
مِنَ الْمَیِّتِ وَ تُخْرِجُ الْمَیِّتَ مِنَ الْحَیِّ وَ تَرْزُقُ مَنْ تَشَآءُ بِغَیْرِ حِسَابٍ ﴿۲۷﴾

۲۶۔ کہو کہ اے اللہ اے بادشاہی کے مالک تو جسکو چاہے بادشاہی بخشے اور جس سے چاہے بادشاہی چھین لے اور جس
کو چاہے عزت دے اور جسے چاہے ذلیل کرے ہر طرح کی بھلائی تیرے ہی ہاتھ ہے اور بے شک تو ہر چیز پر قادر
ہے۔ ۲۷۔ تو ہی رات کو دن میں داخل کرتا اور تو ہی دن کو رات میں داخل کرتا ہے تو ہی بے جان سے جاندار
پیدا کرتا ہے اور تو ہی جاندار سے بے جان پیدا کرتا ہے اور تو ہی جسکو چاہتا ہے بے حساب رزق بخشتا ہے۔

اِنَّ رَبَّكُمُ اللّٰهُ الَّذِیْ خَلَقَ السَّمٰوٰتِ وَ الْاَرْضَ فِیْ سِتَّةِ اَیَّامٍ ثُمَّ اسْتَوٰی
عَلَی الْعَرْشِ یُغْشِی الَّیْلَ النَّهَارَ یَطْلُبُهٗ حَثِیْثًا وَّ الشَّمْسَ وَ الْقَمَرَ
وَ النُّجُوْمَ مُسَخَّرٰتٍۭ بِاَمْرِهٖ اَلَا لَهُ الْخَلْقُ وَ الْاَمْرُ تَبٰرَكَ اللّٰهُ رَبُّ
الْعٰلَمِیْنَ ﴿۵۴﴾ اُدْعُوْا رَبَّكُمْ تَضَرُّعًا وَّ خُفْیَةً اِنَّهٗ لَا یُحِبُّ الْمُعْتَدِیْنَ ﴿۵۵﴾
وَ لَا تُفْسِدُوْا فِی الْاَرْضِ بَعْدَ اِصْلَاحِهَا وَ ادْعُوْهُ خَوْفًا وَّ طَمَعًا اِنَّ رَحْمَتَ
اللّٰهِ قَرِیْبٌ مِّنَ الْمُحْسِنِیْنَ ﴿۵۶﴾

۵۴۔ کچھ شک نہیں کہ تمہارا پروردگار اللہ ہی ہے جس نے آسمانوں اور زمین کو چھ دن میں پیدا کیا پھر عرش پر جلوہ افروز ہوا وہی رات کو دن کا لباس پہناتا ہے کہ وہ اسکے پیچھے دوڑتا چلا آتا ہے اور اسی نے سورج اور چاند اور ستاروں کو پیدا کیا سب اسکے حکم کے مطابق کام میں لگے ہوئے ہیں۔ دیکھو سب مخلوق بھی اسی کی ہے اور حکم بھی اسی کا ہے اللہ رب العالمین بڑی برکت والا ہے۔ ۵۵۔ لوگو اپنے پروردگار سے عاجزی سے اور چپکے چپکے دعائیں مانگا کرو وہ حد سے بڑھنے والوں کو دوست نہیں رکھتا۔ ۵۶۔ اور ملک میں اصلاح کے بعد خرابی نہ کرنا اور اللہ سے خوف رکھتے ہوئے اور امید رکھ کر دعائیں مانگتے رہنا۔ کچھ شک نہیں کہ اللہ کی رحمت نیکی کرنے والوں سے قریب ہے۔

قُلِ ادْعُوا اللّٰهَ اَوِادْعُوا الرَّحْمٰنَ ؕ اَيًّامَّا تَدْعُوْا فَلَهُ الْاَسْمَآءُ الْحُسْنٰى ۚ

وَلَا تَجْهَرْ بِصَلَاتِكَ وَلَا تُخَافِتْ بِهَا وَابْتَغِ بَيْنَ ذٰلِكَ سَبِيْلًا ﴿۱۱۰﴾ وَقُلِ

الْحَمْدُ لِلّٰهِ الَّذِىْ لَمْ يَتَّخِذْ وَلَدًا وَّلَمْ يَكُنْ لَّهٗ شَرِيْكٌ فِى الْمُلْكِ وَلَمْ يَكُنْ

لَّهٗ وَلِىٌّ مِّنَ الذُّلِّ وَكَبِّرْهُ تَكْبِيْرًا ﴿۱۱۱﴾

۱۱۰۔ کہدو کہ تم معبود برحق کو اللہ کے نام سے پکارو یا رحمٰن کے نام سے جس نام سے پکارو اسکے سب نام اچھے ہیں۔ اور نماز نہ بلند آواز سے پڑھو اور نہ آہستہ بلکہ اسکے بیچ کا طریقہ اختیار کرو۔ ۱۱۱۔ اور کہو کہ سب تعریف اللہ ہی کو ہے جس نے نہ تو کسی کو بیٹا بنایا ہے اور نہ اسکی بادشاہی میں کوئی شریک ہے۔ اور نہ اس وجہ سے کہ وہ عاجز وناتواں ہے کوئی اس کا مددگار ہے اور اسکو بڑا جان کر اسکی بڑائی کرتے رہو۔

اَفَحَسِبْتُمْ اَنَّمَا خَلَقْنٰكُمْ عَبَثًا وَّاَنَّكُمْ اِلَيْنَا لَا تُرْجَعُوْنَ ﴿۱۱۵﴾ فَتَعٰلَى

اللّٰهُ الْمَلِكُ الْحَقُّ ۚ لَآ اِلٰهَ اِلَّا هُوَ ۚ رَبُّ الْعَرْشِ الْكَرِيْمِ ﴿۱۱۶﴾ وَمَنْ يَّدْعُ

مَعَ اللّٰهِ اِلٰهًا اٰخَرَ ۙ لَا بُرْهَانَ لَهٗ بِهٖ ۙ فَاِنَّمَا حِسَابُهٗ عِنْدَ رَبِّهٖ ؕ اِنَّهٗ لَا

يُفۡلِحُ الۡكٰفِرُوۡنَ ﴿۱۱۷﴾ وَقُلۡ رَّبِّ اغۡفِرۡ وَارۡحَمۡ وَاَنۡتَ خَيۡرُ الرّٰحِمِيۡنَ ﴿۱۱۸﴾ ع

۱۱۵۔ کیاتم یہ خیال کرتے ہو کہ ہم نے تم کو بے مقصد پیدا کیا ہے اور یہ کہ تم ہماری طرف لوٹ کر نہیں آ ؤ گے ؟
۱۱۶ ۔ تو اللہ جو سچا بادشاہ ہے اسکی شان اس سے اونچی ہے۔ اسکے سوا کوئی معبود نہیں وہی عرش کریم کا مالک ہے۔
۱۱۷۔ اور جو شخص اللہ کے ساتھ اور معبود کو پکارتا ہے جسکی اسکے پاس کچھ بھی سند نہیں تو اس کا حساب اسکے رب کے ہاں ہو گا۔ کچھ شک نہیں کہ کافر کامیاب نہیں ہوں گے۔ ۱۱۸۔ اور اللہ سے دعا کرو کہ میرے پروردگار مجھے بخش دے اور مجھ پر رحم کر اور تو سب سے بہتر رحم فرمانے والا ہے۔

بِسۡمِ اللّٰهِ الرَّحۡمٰنِ الرَّحِيۡمِ

وَالصّٰٓفّٰتِ صَفًّا ۙ﴿۱﴾ فَالزّٰجِرٰتِ زَجۡرًا ۙ﴿۲﴾ فَالتّٰلِيٰتِ ذِكۡرًا ۙ﴿۳﴾ اِنَّ اِلٰـهَكُمۡ
لَوَاحِدٌ ؕ﴿۴﴾ رَبُّ السَّمٰوٰتِ وَالۡاَرۡضِ وَمَا بَيۡنَهُمَا وَرَبُّ الۡمَشَارِقِ ؕ﴿۵﴾ اِنَّا
زَيَّنَّا السَّمَآءَ الدُّنۡيَا بِزِيۡنَةِ اۨلۡكَوَاكِبِ ۙ﴿۶﴾ وَحِفۡظًا مِّنۡ كُلِّ شَيۡطٰنٍ مَّارِدٍ ۚ﴿۷﴾
لَا يَسَّمَّعُوۡنَ اِلَى الۡمَلَاِ الۡاَعۡلٰى وَيُقۡذَفُوۡنَ مِنۡ كُلِّ جَانِبٍ ۖ﴿۸﴾ دُحُوۡرًا وَّلَهُمۡ
عَذَابٌ وَّاصِبٌ ۙ﴿۹﴾ اِلَّا مَنۡ خَطِفَ الۡخَطۡفَةَ فَاَتۡبَعَهٗ شِهَابٌ ثَاقِبٌ ﴿۱۰﴾
فَاسۡتَفۡتِهِمۡ اَهُمۡ اَشَدُّ خَلۡقًا اَمۡ مَّنۡ خَلَقۡنَا ؕ اِنَّا خَلَقۡنٰهُمۡ مِّنۡ طِيۡنٍ
لَّازِبٍ ﴿۱۱﴾

۱۔ قسم ہے سلیقے سے صف باندھنے والوں کی۔ ۲۔ پھر ڈانٹنے والوں کی جھڑک کر۔ ۳۔ پھر ذکر یعنی قرآن پڑھنے والوں کی غور کر کے۔ ۴۔ کہ تمہارا معبود ایک ہی ہے۔ ۵۔ جو آسمانوں اور زمین اور جو چیزیں ان میں ہیں سب کا مالک ہے اور

سورج کے طلوع ہونے کے مقامات کا بھی مالک ہے۔ ۶۔ بیشک ہم ہی نے آسمان دنیا کو ستاروں کی زینت سے سجایا۔
۷۔ اور ہر شیطان سرکش سے اسکی حفاظت کی۔ ۸۔ کہ اوپر کی مجلس کی طرف کان نہ لگا سکیں اور ہر طرف سے ان پر
انگارے پھینکے جاتے ہیں۔ ۹۔ یعنی وہاں سے نکال دینے کو اور انکے لئے ہمیشہ کا عذاب ہے۔ ۱۰۔ ہاں جو کوئی فرشتوں
کی کسی بات کو چوری سے جھپٹ لینا چاہتا ہے تو جلتا ہوا انگارہ اسکے پیچھے لگ جاتا ہے۔ ۱۱۔ تو ان سے پوچھو کہ انکا بنانا
مشکل ہے یا جتنی خلقت ہم نے بنائی ہے اس کا؟ انہیں ہم نے چپکنے والے گارے سے بنایا ہے۔

يٰمَعْشَرَ الْجِنِّ وَالْاِنْسِ اِنِ اسْتَطَعْتُمْ اَنْ تَنْفُذُوْا مِنْ اَقْطَارِ السَّمٰوٰتِ وَ
الْاَرْضِ فَانْفُذُوْا ؕ لَا تَنْفُذُوْنَ اِلَّا بِسُلْطٰنٍ ﴿۳۳﴾ فَبِاَيِّ اٰلَآءِ رَبِّكُمَا
تُكَذِّبٰنِ ﴿۳۴﴾ يُرْسَلُ عَلَيْكُمَا شُوَاظٌ مِّنْ نَّارٍ ۙ وَّنُحَاسٌ فَلَا تَنْتَصِرٰنِ ﴿۳۵﴾
فَبِاَيِّ اٰلَآءِ رَبِّكُمَا تُكَذِّبٰنِ ﴿۳۶﴾ فَاِذَا انْشَقَّتِ السَّمَآءُ فَكَانَتْ وَرْدَةً
كَالدِّهَانِ ﴿۳۷﴾ فَبِاَيِّ اٰلَآءِ رَبِّكُمَا تُكَذِّبٰنِ ﴿۳۸﴾ فَيَوْمَئِذٍ لَّا يُسْـَٔلُ عَنْ
ذَنْۢبِهٖۤ اِنْسٌ وَّلَا جَآنٌّ ﴿۳۹﴾ فَبِاَيِّ اٰلَآءِ رَبِّكُمَا تُكَذِّبٰنِ ﴿۴۰﴾

۳۳۔ اے گروہ جن وانس اگر تمہیں قدرت ہو کہ آسمان اور زمین کے کناروں سے نکل جاؤ تو نکل جاؤ اور زور کے سوا تو
تم نکل سکنے ہی کے نہیں۔ ۳۴۔ تو تم اپنے پروردگار کی کون کون سی نعمت کو جھٹلاؤ گے؟ ۳۵۔ تم پر آگ کے شعلے
صاف اور دھواں ملے چھوڑ دیئے جائیں گے تو پھر تم انکا مقابلہ نہ کر سکو گے۔ ۳۶۔ تو تم اپنے پروردگار کی کون کون سی
نعمت کو جھٹلاؤ گے؟ ۳۷۔ پھر جب آسمان پھٹ کر تیل کی تلچھٹ کی طرح گلابی ہو جائے گا تو وہ کیسا ہولناک دن ہو گا۔
۳۸۔ تو تم اپنے پروردگار کی کون کون سی نعمت کو جھٹلاؤ گے؟ ۳۹۔ تو اس روز نہ تو کسی انسان سے اسکے گناہوں کے
بارے میں پرسش کی جائے گی اور نہ کسی جن سے۔ ۴۰۔ تو تم اپنے پروردگار کی کون کون سی نعمت کو جھٹلاؤ گے؟

لَوْ اَنْزَلْنَا هٰذَا الْقُرْاٰنَ عَلٰى جَبَلٍ لَّرَاَيْتَهٗ خَاشِعًا مُّتَصَدِّعًا مِّنْ خَشْيَةِ

اللّٰهِ ؕ وَتِلْكَ الْاَمْثَالُ نَضْرِبُهَا لِلنَّاسِ لَعَلَّهُمْ يَتَفَكَّرُوْنَ ﴿۲۱﴾ هُوَ اللّٰهُ

الَّذِىْ لَاۤ اِلٰهَ اِلَّا هُوَ ۚ عٰلِمُ الْغَيْبِ وَالشَّهَادَةِ ۚ هُوَ الرَّحْمٰنُ الرَّحِيْمُ ﴿۲۲﴾

هُوَ اللّٰهُ الَّذِىْ لَاۤ اِلٰهَ اِلَّا هُوَ ۚ اَلْمَلِكُ الْقُدُّوْسُ السَّلٰمُ الْمُؤْمِنُ الْمُهَيْمِنُ

الْعَزِيْزُ الْجَبَّارُ الْمُتَكَبِّرُ ؕ سُبْحٰنَ اللّٰهِ عَمَّا يُشْرِكُوْنَ ﴿۲۳﴾ هُوَ اللّٰهُ الْخَالِقُ

الْبَارِئُ الْمُصَوِّرُ لَهُ الْاَسْمَآءُ الْحُسْنٰى ؕ يُسَبِّحُ لَهٗ مَا فِى السَّمٰوٰتِ

وَالْاَرْضِ ۚ وَهُوَ الْعَزِيْزُ الْحَكِيْمُ ﴿۲۴﴾ ع

۲۱۔ اگر ہم یہ قرآن کسی پہاڑ پر نازل کرتے تو تم اسکو دیکھتے کہ اللہ کے خوف سے دبا اور پھٹا جاتا ہے۔ اور یہ مثالیں ہم لوگوں کے لئے بیان کرتے ہیں تاکہ وہ غور کریں۔ ۲۲۔ وہی اللہ ہے جس کے سوا کوئی معبود نہیں۔ پوشیدہ اور ظاہر کا جاننے والا۔ وہ بڑا مہربان ہے نہایت رحم والا ہے۔ ۲۳۔ وہی اللہ ہے جس کے سوا کوئی عبادت کے لائق نہیں۔ بادشاہ حقیقی ہر عیب سے پاک سلامتی دینے والا امن دینے والا نگہبان غالب زبردست بڑائی والا۔ اللہ مشرکوں کے شرک سے پاک ہے۔ ۲۴۔ وہی اللہ تمام مخلوقات کا خالق۔ ایجاد و اختراع کرنے والا صورتیں بنانے والا اسکے سب اچھے سے اچھے نام ہیں۔ جتنی چیزیں آسمانوں اور زمین میں ہیں سب اسکی تسبیح کرتی رہتی ہیں۔ اور وہ غالب ہے حکمت والا ہے۔

بِسْمِ اللّٰهِ الرَّحْمٰنِ الرَّحِيْمِ

قُلْ اُوْحِىَ اِلَىَّ اَنَّهُ اسْتَمَعَ نَفَرٌ مِّنَ الْجِنِّ فَقَالُوْۤا اِنَّا سَمِعْنَا قُرْاٰنًا

عَجَبًا ﴿۱﴾ لا يَّهْدِىْۤ اِلَى الرُّشْدِ فَاٰمَنَّا بِهٖ ؕ وَلَنْ نُّشْرِكَ بِرَبِّنَاۤ اَحَدًا ﴿۲﴾ لا

وَّاَنَّهٗ تَعٰلٰى جَدُّ رَبِّنَا مَا اتَّخَذَ صَاحِبَةً وَّلَا وَلَدًا ۙ﴿۳﴾ وَّاَنَّهٗ كَانَ يَقُوْلُ

سَفِيْهُنَا عَلَى اللّٰهِ شَطَطًا ۙ﴿۴﴾

شروع اللہ کا نام لے کر جو بڑا مہربان نہایت رحم والا ہے۔

ا۔اے پیغمبر ﷺ لوگوں سے کہدو کہ میرے پاس وحی آئی ہے کہ جنوں کی ایک جماعت نے اس کتاب کو سنا تو کہنے لگے کہ ہم نے ایک عجیب قرآن سنا۔ ۲۔جو بھلائی کا رستہ بتاتا ہے سو ہم اس پر ایمان لے آئے اور ہم اپنے پروردگار کے ساتھ کسی کو شریک نہیں بنائیں گے۔ ۳۔اور یہ کہ ہمارے پروردگار کی شان بہت بلند ہے وہ نہ بیوی رکھتا ہے نہ اولاد۔ ۴۔اور یہ کہ ہم میں سے کوئی کوئی بیوقوف اللہ کے بارے میں جھوٹ گھڑتا ہے۔

بِسْمِ اللّٰهِ الرَّحْمٰنِ الرَّحِيْمِ

قُلْ يٰۤاَيُّهَا الْكٰفِرُوْنَ ۙ﴿۱﴾ لَاۤ اَعْبُدُ مَا تَعْبُدُوْنَ ۙ﴿۲﴾ وَلَاۤ اَنْتُمْ عٰبِدُوْنَ

مَاۤ اَعْبُدُ ۚ﴿۳﴾ وَلَاۤ اَنَا عَابِدٌ مَّا عَبَدْتُّمْ ۙ﴿۴﴾ وَلَاۤ اَنْتُمْ عٰبِدُوْنَ

مَاۤ اَعْبُدُ ؕ﴿۵﴾ لَكُمْ دِيْنُكُمْ وَلِيَ دِيْنِ ﴿۶﴾

شروع اللہ کا نام لے کر جو بڑا مہربان نہایت رحم والا ہے۔

ا۔اے پیغمبر ﷺ کہدو کہ اے کافرو! ۲۔جن بتوں کو تم پوجتے ہو انکو میں نہیں پوجتا۔ ۳۔اور جس معبود کی میں عبادت کرتا ہوں اسکی تم عبادت نہیں کرتے۔ ۴۔اور میں پھر کہتا ہوں کہ جنکی تم پرستش کرتے ہو انکی میں پرستش کرنے والا نہیں ہوں۔ ۵۔اور نہ تم اسکی بندگی کرنے والے معلوم ہوتے ہو جسکی میں بندگی کرتا ہوں۔ ۶۔تمہارے لئے تمہارا رستہ میرے لئے میرا رستہ۔

بِسۡمِ اللّٰهِ الرَّحۡمٰنِ الرَّحِيۡمِ

قُلۡ هُوَ اللّٰهُ اَحَدٌ ۚ‏ ﴿۱﴾ اَللّٰهُ الصَّمَدُ ۚ‏ ﴿۲﴾ لَمۡ يَلِدۡ ۙ وَلَمۡ يُوۡلَدۡ ۙ‏ ﴿۳﴾

وَلَمۡ يَكُنۡ لَّهٗ كُفُوًا اَحَدٌ ‏﴿۴﴾

شروع اللہ کا نام لے کر جو بڑا مہربان نہایت رحم والا ہے۔

۱۔ کہو کہ وہ معبود برحق جسکی میں عبادت کرتا ہوں اللہ ہے وہ ایک ہے۔ ۲۔ اللہ بے نیاز ہے۔
۳۔ وہ نہ کسی کا باپ ہے اور نہ کسی کا بیٹا۔ ۴۔ اور کوئی اس کا ہمسر نہیں۔

بِسۡمِ اللّٰهِ الرَّحۡمٰنِ الرَّحِيۡمِ

قُلۡ اَعُوۡذُ بِرَبِّ الۡفَلَقِۙ‏ ﴿۱﴾ مِنۡ شَرِّ مَا خَلَقَۙ‏ ﴿۲﴾

وَمِنۡ شَرِّ غَاسِقٍ اِذَا وَقَبَۙ‏ ﴿۳﴾ وَمِنۡ شَرِّ النَّفّٰثٰتِ فِى الۡعُقَدِۙ‏ ﴿۴﴾

وَمِنۡ شَرِّ حَاسِدٍ اِذَا حَسَدَ ‏﴿۵﴾

شروع اللہ کا نام لے کر جو بڑا مہربان نہایت رحم والا ہے۔

۱۔ کہو کہ میں صبح کے مالک کی پناہ مانگتا ہوں۔ ۲۔ ہر چیز کی برائی سے جو اس نے پیدا کی۔ ۳۔ اور اندھیری رات کی برائی سے جب اس کا اندھیرا چھا جائے۔ ۴۔ اور گنڈوں پر پڑھ پڑھ کر پھونکنے والیوں کی برائی سے۔ ۵۔ اور حسد کرنے والے کی برائی سے جب وہ حسد کرنے لگے۔

بِسْمِ اللّٰهِ الرَّحْمٰنِ الرَّحِيْمِ

قُلْ اَعُوْذُ بِرَبِّ النَّاسِ ۙ۝ مَلِكِ النَّاسِ ۙ۝ اِلٰهِ النَّاسِ ۙ۝

مِنْ شَرِّ الْوَسْوَاسِ ۙ الْخَنَّاسِ ۙ۝ الَّذِیْ یُوَسْوِسُ فِیْ صُدُوْرِ النَّاسِ ۙ۝

مِنَ الْجِنَّةِ وَ النَّاسِ ۠۝

شروع اللہ کا نام لے کر جو بڑا مہربان نہایت رحم والا ہے۔

۱۔ کہو کہ میں انسانوں کے پروردگار کی پناہ مانگتا ہوں۔ ۲۔ یعنی لوگوں کے بادشاہ کی۔
۳۔ لوگوں کے معبود کی۔ ۴۔ اس بڑے وسوسہ ڈالنے والے کی برائی سے جو اللہ کا نام سن کر پیچھے ہٹ جاتا ہے۔
۵۔ جو لوگوں کے دلوں میں وسوسے ڈالتا ہے۔ ۶۔ خواہ وہ جنات میں سے ہو یا انسانوں میں سے۔